BEI GRIN MACHT SICH IHR WISSEN BEZAHLT

AF156966

- Wir veröffentlichen Ihre Hausarbeit,
  Bachelor- und Masterarbeit

- Ihr eigenes eBook und Buch -
  weltweit in allen wichtigen Shops

- Verdienen Sie an jedem Verkauf

Jetzt bei www.GRIN.com hochladen und kostenlos publizieren

Bibliografische Information der Deutschen Nationalbibliothek:

Die Deutsche Bibliothek verzeichnet diese Publikation in der Deutschen National-bibliografie; detaillierte bibliografische Daten sind im Internet über http://dnb.d-nb.de/ abrufbar.

Impressum:

Copyright © 2018 GRIN Verlag
Druck und Bindung: Books on Demand GmbH, Norderstedt Germany
ISBN: 9783668999275

Omar Oumadi

Wie wird VoIP in Großunternehmen eingesetzt? Kritische Analyse der Anforderungen und Einsatzweise

GRIN Verlag

GRIN - Your knowledge has value

Der GRIN Verlag publiziert seit 1998 wissenschaftliche Arbeiten von Studenten, Hochschullehrern und anderen Akademikern als eBook und gedrucktes Buch. Die Verlagswebsite www.grin.com ist die ideale Plattform zur Veröffentlichung von Hausarbeiten, Abschlussarbeiten, wissenschaftlichen Aufsätzen, Dissertationen und Fachbüchern.

Besuchen Sie uns im Internet:

http://www.grin.com/

http://www.facebook.com/grincom

http://www.twitter.com/grin_com

Kritische Analyse der Anforderungen, Funktionsweise des Einsatzes von VoIP in Großunternehmen

Hausarbeit

Vorgelegt von

Omar Oumadi

aus Mönchengladbach

Hochschule Niederrhein

Fachbereich Wirtschaftswissenschaften

Studiengang Wirtschaftsinformatik

Wintersemester 2017/2018

ABKÜRZUNGSVERZEICHNIS

A/D	Analog/Digital
DSL	Digital Subscriber Line
IP	Internetprotokoll
ISDN	Integrated Services Digital Network
IT	Informationstechnik
LAN	Local Area Network
MS	Millisekunde
OSI	Open System Interconnection
PC	Personal Computer
QoS	Quality of Service
RTP	Real Time Transport Protocol
SIP	Session Initiation Protocol
TK	Telekommunikation
UDP	User Datagram Protocol
VoIP	Voice over Internet Protocol
WAN	Wide Area Network
WLAN	Wireless Local Area Network

ABBILDUNGSVERZEICHNIS

1 Einleitung

„Die neue Quelle der Macht ist nicht mehr Geld in der Hand von wenigen, sondern Information in den Händen von vielen."[1]

Mit diesem Ausspruch wollte uns der amerikanische Prognostiker John Naisbitt die Wichtigkeit von Information und Kommunikation in einem ökonomischen Umfeld zeigen.

Ein aktuelles und wichtiges Thema in der Kommunikation ist VoIP, auch Internettelefonie genannt. VoIP ist eine Technologie, die der Übertragung von Sprache über ein für Datenübertragung vorgesehenes Netz dient. Vereinfacht gesagt handelt es sich dabei um Internettelefonie. Aus wirtschaftlichen und organisatorischen Gründen stellen Unternehmen ihre Telefonie auf die Vermittlung über Computernetzwerke um.

Folgende Ausgangsfragen sind gegeben: Was bedeutet VoIP? Wie und warum wird VoIP im Unternehmen benutzt? Was benötigen die Unternehmen, um VoIP zu nutzen?

Um im Folgenden ein umfassendes Verständnis der VoIP-Technologie sowie ihre Komponenten in den Kontext der Großunternehmenskommunikation zu vermitteln, werden zunächst Vor- und Nachteile von der VoIP-Technologie erläutert. Daraufhin werden auf die Anforderungen und Funktionsweise von dieser Technologie im Kontext eines Großunternehmens eingegangen. In dem Fazit werden die Ergebnisse abschließend zusammengefasst.

---

[1] Naisbitt, J.:Mind Set!. Reset Your Thinking and See the Future, New York 2006.

2 Definition von VoIP

VoIP ist ein Sammelbegriff für Techniken, die es ermöglichen, Telefongespräche, Daten und andere Mehrwertdienste paketorientiert über IP-Netzwerke zu leiten.[2] Von Internettelefonie spricht man, wenn die Sprache teilweise oder ganz über das öffentliche Internet übertragen wird. Im Privatkundenbereich ist dies beinahe ausschließlich der Fall, wohingegen im gewerblichen Umfeld genauer zwischen Voice Over IP und Internettelefonie unterschieden werden muss. Denn oft genug wird in Unternehmen VoIP-Technologie nur dazu eingesetzt, um hausintern oder Standort übergreifend zu kommunizieren. In dieser Arbeit wird hauptsächlich der Begriff Voice Over IP, ferner der Begriff der IP - Telefonie als Synonym verwendet.

Dank VoIP kann heute die bestehende Vernetzung des Internets genutzt werden, um Telefonate abzuwickeln. Die Grenzen der Welt verschwinden heute im Bereich Telefonie, so wie es vor wenigen Jahren mit der Einführung des Internets bereits einmal der Fall war.

Bei VoIP gibt es verschiedene Möglichkeiten des Telefonierens: Von PC zu PC, von PC zu Festnetz oder über IP-basierende interne Netzwerke.

Anmerkung der Redaktion: Diese Abbildung wurde aus urheberrechtlichen Gründen entfernt.

Abbildung 1 : Möglichkeiten des Telefonierens durch VoIP.

---

[2] Vgl. Koops, W/Stahringer, T/Thomsen, C.: Voice over IP. Funktionalitäten-Voice over IP-Lösungen und Wirtschaftlichkeitsanalyse, 2002.

3 Vor- und Nachteile des VoIP

Zu den am häufigsten genannten Vorteilen einer VoIP-Technologie zählt das Kosteneinsparpotenzial. Im Vergleich zu einer herkömmlichen Telefonanlage ist eine VoIP-Telefonanlage deutlich günstiger. Nutzer profitieren vor allem von den günstigen Verbindungsentgelten der VoIP-Anbieter sowie von einem Wegfall der Hardwareinvestitionen, auch die Flexibilität und Funktionsvielfalt spielten eine wichtige Rolle bei der Umstellung auf VoIP, da die Installation leichter ist. Über VoIP können Unternehmen auch einfach auf kritische Informationen zugreifen und erfahren, für welche Aufgaben die Mitarbeiter Zeit aufwenden und in welchen Bereichen das Kundenerlebnis verbessert werden kann. Außerdem können sie kurzfristig entscheiden, bestimmte Formulare und Funktionen zur Steigerung der Profitabilität zu erweitern.

Voice Over IP hat eine Reihe von Vorteilen gebracht, es gibt jedoch auch die Kehrseite. Zu den am häufigsten genannten Nachteilen einer VoIP-Technologie zählen:

Die relativ schlechte Gesprächsqualität: Hier kann die Gesprächsqualität zwar deutlich besser sein als bei herkömmlichen Telefonanschlüssen. Sie kann aber auch schwanken oder sogar zu Aussetzern führen. Dafür gibt es mehrere Ursachen. Zum Beispiel könnte der Router schuld sein, da er VoIP-Daten nicht priorisiert und deswegen für diese bei paralleler, intensiver Internetnutzung zu wenig Bandbreite zur Verfügung steht. Ein weiterer Grund könnte sein, dass die Nutzer IP-Telefonie über einen Laptop nutzen, aber die WLAN- oder Mobilfunkverbindung zu schwach ist. Oder die DSL-Leitung ist instabil. Daran ist zu erkennen, dass das normalerweise im Router integrierte- DSL-Modem oder Server in Unternehmen sich mehrmals am Tag neu synchronisieren. In diesem Fall sollten sich die Anwender an den DSL- Server Anbieter wenden, damit er die Störung beseitigt.[3]

---

[3] Vgl. o.V.: IP-Telefonanschluss-Das sind die Vor-und Nachteile, https://www.pcwelt.de/a/ip-telefonanschluss-das-sind-die-vor-und-nachteile-voipngn,3074855, Zugriff am 07.11.2017.

Niedrige Sicherheit : Im Vergleich zu traditionellen TK-Anlagen ist der ungesicherte Einsatz der Voice Over IP-Technologie mit deutlich höheren Risiken verbunden, denn VoIP- Systeme erben die Sicherheitsrisiken der IT-Welt und behalten gleichzeitig viele Gefahren aus der TK-Welt bei. Sämtliche Informationen und Gesprächsinhalte, die bei einem VoIP-Telefonat mittels RTP und SIP übertragen werden, sind unverschlüsselt und somit von jedem mit relativ geringem Aufwand und entsprechendem Wissen mithörbar. Deshalb warnen viele Experten und Institute, unter anderem das Bundesamt der Unsicherheit in der Informationstechnik.[4] Vor dem unerlaubten Einsatz in Unternehmen und Privathaushalten. Dabei kann Voice Over IP wie jedes andere IT-System betrachtet und abgesichert werden, da es auf derselben Hardware und denselben Netzwerkprotokollen basiert.

---

[4] Vgl. o.V.: Bundesamtes für Sicherheit in der Informationstechnik: Studie zur Sicherheit von Voice Over IP,
https://www.bsi.bund.de/SharedDocs/Downloads/DE/BSI/Publikationen/Studien/VoIP/voipsec_pdf.pdf? blob=publicationFile&v=2, Zugriff am 07.11.2017.

4 Analyse der Anforderungen von VoiP in Großunternehmen

Bevor VoIP in Netzwerkumgebungen eingeführt wird, müssen für jedes System individuelle Anforderungen definiert werden. Anschließend kann ein Lösungskonzept entwickelt werden, das bei Abbildung der festgelegten Anforderungen ein zufriedenstellendes Ergebnis darstellt.[5]

4.1 Anforderungen aus Anwendersicht

Anwender stellen Anforderungen, die häufig den wirtschaftlichen oder technischen Ansprüchen entgegenstehen. Zu den am häufigsten genannten Anforderungen aus Anwendersicht sind:

Sprachqualität: Für die Nutzung einer Internettelefonie in unternehmerischen Kontext ist eine gute Sprachqualität erforderlich und dies kann durch Hilfe geeigneter QOS erreicht werden. Dieser QOS bezeichnet die Dienstgüte, die durch das Zusammenspiel aller Komponenten eines Telekommunikationsnetzes erreicht wird, sowie die Maßnahmen, um diese zu verbessern.

Erreichbarkeit: Hier kann ein Mitarbeiter immer unter der gleichen Rufnummer erreichbar sein, egal, ob er sich an seinem Arbeitsplatz befindet oder sich in einer Unternehmensfiliale in das Netz einloggt.[6] Seine Durchwahlnummer folgt ihm automatisch. Das ist eine Option, die auch die Realisierung von Teleworking-Szenarien deutlich vereinfacht. So können die Mitarbeiter auch zu Hause per VoIP einfach an das Telefonsystem angebunden werden.

Mobilität und Flexibilität: Das VoIP-System erlaubt Anwendern, über das Internet Softwareapplikationen wie Fax, E-Mail und Videokonferenzen auf ihrem Telefon

---

[5] Vgl. Nölle, J.: Voice Over IP.Grundlagen-Protokolle-Migration, Auflage 2 , Berlin 2005 , S. 28.
[6] Vgl. o.V.: Die 7 wichtigsten Vorteile von VoIP , https://www.toplink.de/die-7-wichtigsten-vorteile-von-voip/ , Zugriff am 20.11.2017.

zu nutzen. So kann ein VoIP-Anwender mit einem Gesprächspartner telefonieren, während er gleichzeitig andere Applikationen benutzt, auch das Internet.[7]

4.2 Wirtschaftliche Anforderungen

Investitionsschutz: Darunter wird verstanden, dass ein Unternehmen bei einem Umstieg auf VoIP vorhandene Endgeräte weiterhin verwenden kann. Hier bieten die Telekommunikationanbieter den Anwendern die Möglichkeit, sowohl ihre bestehenden Investitionen in ISDN Anlagen zu wahren als auch alternative Geschäftsmodelle anzubieten. Zusätzlich können die Unternehmen, die sich bereits für eine IP-basierte Anlage entschieden haben, so bei vollem Investitionsschutz die gewohnte ISDN Umgebung benutzen.   Mit Hilfe von so genannten Terminal-Adaptern können z.B. ISDN-Telefone, analog oder mit Faxgeräte eingesetzt werden.[8]

Anschaffungs- und Betriebskosten: Eine Einführung der IP-Telefonie im Unternehmen ist zunächst mit recht hohen Investitionen verbunden, denn das unternehmensinterne Netzwerk muss zunächst an die Anforderungen für VoIP angepasst werden.[9] Die Kosten fallen hauptsächlich für Server, auf denen die Telefonie betrieben wird, und für Netzwerkkomponenten wie Router und Switches an, welche den QoS Anforderungen genügen müssen.[10] Neben der Anschaffung von neuer Hardware schlagen zudem Beratungs- und Schulungskosten zu Buche. Doch trotz des hohen Aufwands besitzt VoIP das Potenzial, die Kosten für Kommunikation in einem Unternehmen zu senken. Dies liegt vor allem daran, dass die Telefonie über das firmeninterne Computernetzwerk geregelt wird, und somit keine Kosten für Telefonate innerhalb des VoIP-Netzwerkes anfallen. Zudem entfallen die Kosten für die Administration und Pflege eines separaten Telefonnetzwerkes. Wie hoch das

---

[7] Vgl. o.V.: Vorteile Nachteile von VoIP - Pro und Contra Voice over IP , http://www.voip-sip.de/faq/voip-faq-artikel-36-rubrik-2.htm , Zugriff am 20.11.2017
[8] Vgl. Nölle, J.: Voice Over IP.Grundlagen-Protokolle-Migration, Auflage 2 , Berlin 2005 , S. 30.
[9] Vgl. Ebenda.
[10] Vgl. Amonn, G.: VoIP bei der Telekom: Vorteile und Nachteile im Vergleich – UPDATE , https://www.winboard.org/artikel-ratgeber/4526-voip-bei-der-telekom-vorteile-und-nachteile-im-vergleich.html , Zugriff am 20.11.2017.

Einsparungspotenzial durch VoIP letztendlich ist, muss im Einzelfall geprüft werden, da die Dauer der Amortisation der Investitionskosten von der Anzahl der geführten Telefonate abhängig ist.

4.3 Technische Anforderungen

Um VoIP in eine Netzwerkumgebung integrieren zu können, müssen einige Voraussetzungen geschaffen werden, damit die Telefondienste über Datennetze reibungslos betrieben werden können.

Um die Sprachübertragung sicherzustellen, gelten für LANs und WANs, die für VoIP genutzt werden, die folgenden Mindestanforderungen:

⇨ Bei Internet-Anschluss wird einen Breitbandinternetanschluss mit genügend Bandbreite und guter Latenz benötigt.[11]

⇨ Jitter: Hier ist es zu vermeiden, dass der Jitter Buffer die max. Verzögerung von 50 ms (Networkdelay) bzw. 150 ms (End-to-End) überschreitet.[12]

⇨ Ethernet-LAN mit 10/100/1.000/10.000 MBit/s.[13]

⇨ Nur Switches oder Routers als Koppelkomponenten, keine Hubs.

⇨ Verfügbarkeit der Anschlüsse, Anschlussports und der für VoIP genutzten Netzverbindungen ≥ 99 Prozent.[14]

⇨ Die Firewalls erlauben eine transparente Übermittlung der VoIP-Ströme.

---

[11] Vgl. o.V.: Netzwerkanforderungen für VoIP. Anforderungen und Empfehlungen zur Realisierung von Voice over IP und Voice over WLAN , Auflage 4,2 , Wien 2014, S. 5 .
[12] Vgl. Ebenda, S. 7.
[13] Vgl. o.V.: Voice-over-IP (VoIP).Technische Mindestanforderungen an das vorhandene IP-Netz .
[14] Vgl. Ebenda .

5   Analyse der Funktionsweise des VoIP in Großunternehmen

Ähnlich wie klassische Telefonie, funktioniert VoIP, ist jedoch für gleichzeitiges Aufzeichnen und Übertragen optimiert, sodass sofortige und zuverlässige Verbindungen zwischen Kunden und Kollegen möglich sind.

Die Schritte beim Aufbau eines ausgehenden VoIP-Telefonats sind:

- Kodierung, Kompression, Paketierung, DE-Jitter /Buffer ,D/A   Wandlung ,Dekodierung erforderlich
- Statt über ein leitungsvermitteltes Netzwerk werden die digitalen Daten gebündelt und in Form von IP-Paketen über ein paketvermittelndes Netzwerk übertragen

Im Unterschied zur klassischen Telefonie wird in VoIP die Stimme nicht über das Netzwerk der Telefongesellschaft übertragen, sondern aufgezeichnet, in Audiodaten konvertiert und dann über ihr bestehendes Datennetzwerk übertragen .

Anmerkung der Redaktion: Diese Abbildung wurde aus urheberrechtlichen Gründen entfernt.

Abbildung 2 : Funktionsweise von VoIP

Kodierung (A/D Wandler + Kompression): In diesem ersten Schritt wird die Sprache als analoges Signal mit Hilfe eines Mikrofons am Hörer aufgenommen. Über einen Analog/Digital-Wandler werden diese Signale dann in ein digitales Format gewandelt und in entsprechende Audioformate kodiert. Um die zu übertragende Datenmenge und die damit verbundene Last des Computernetzwerkes so gering wie möglich zu halten, werden die Signale komprimiert.[15] Bei der Kompression werden für Voice Over IP üblicherweise der Codec G.729A verwendet, welcher die Datentransferrate um 10 Prozent verringert. Der Codec G.711 bietet die beste Sprachqualität für VoIP, verursacht jedoch aufgrund der geringen Kompression die größte Netzlast.[16] Bei der Auswahl des Codecs muss zwischen den Kenngrößen der Sprachqualität, der Bitrate, der Bandbreite und der nötigen Rechenleistung ein bestmöglicher Kompromiss gefunden werden. Beispielsweise bietet im Gegensatz zu G.711 der Codec G.729 eine höhere Kompression, wofür jedoch Abstriche in der Sprachqualität in Kauf genommen werden müssen.

Paketierung: Nach der Komprimierung der Daten werden diese über ein Netzwerk versendet. Dazu muss der kontinuierliche Datenstrom des Codecs in kleine Pakete unterteilt werden (Paketisierung). Dabei wird die Sprache auf maximal 3400 Hertz begrenzt und mit 8000 Hertz abgetastet nach Größe des Paketes, entstehen 30 bis 50 ms lange Sprachsegmente. Die Paketierung, welche für die Übertragung über ein Computernetzwerk unerlässlich ist, ist für den höheren Bandbreitenbedarf von VoIP gegenüber beispielsweise ISDN verantwortlich. Dies liegt daran, dass zusätzlich zu den Sprachinformationen die Steuerinformationen des RTP (12 Byte) des UDP (8 Byte) des IP (20 Byte) und weitere notwendige Daten der OSI-Schicht 1 und 2 (26 Byte) übertragen werden müssen.[17]

Jitter/Buffer: Beim Empfänger werden die Pakete zunächst in einem Puffer zwischengespeichert, bevor sie dekodiert und ausgelesen werden. In diesem Schritt und bei der Übertragung von Datenpaketen gibt es gewisse Verzögerungen bei der

---

[15] Vgl. Badach,A.: Voice Over IP-die Technik. Grundlagen und Protokolle für Multimedia-Kommunikation, Auflage 2 ,München 2005 , S. 132 .
[16] Vgl. Siemers, C/Sikora, A.: Digitaltechnik.In:Taschenbuch(Hrsg.), München 2007 ,S. 423.
[17] Vgl. Trick,U/Weber,F.: SIP, TCP/IP und Telekommunikationsnetze.Next Generation Networks und VoIP-konkret,München Wien 2009 , S.51 ff.

Laufzeit. Diese Verzögerungen können unterschiedlich ausfallen. Diese Unterschiede werden als Laufzeitschwankungen oder Jitter bezeichnet. Sie führen zu einer schlechten Sprachqualität. Um das zu vermeiden, bedient man sich eines Jitter-Buffers.[18]

Dekodierung: Bevor das digitale Signal wieder in ein analoges Signal umgewandelt werden kann, müssen die zuvor komprimierten Daten wieder decodiert werden. Somit werden die Daten für die D/A Wandlung aufbereitet.

D/A Wandler: Im letzten Schritt wird das empfangene digitale Signal wieder in ein analoges Signal überführt. Dabei wird das analoge Signal des Senders mit Hilfe der übermittelten Informationen zu den Intervallen nachgebildet, dann wird es am Lautsprecher in menschliche Sprache gewandelt.

---

[18] Vgl. Lipp, M.: VPN - Virtuelle Private Netzwerke.Aufbau und Sicherheit,Padeborn 2007, S.324 .

6 Fazit

Mit VoIP ist ein Unternehmen für die Zukunft mit den neuesten Features gerüstet und es hat die Möglichkeit, jederzeit flexibel auf die Unternehmenssituation zu reagieren und gleichzeitig Kosten zu sparen. Wenn ein Unternehmen noch nicht einschätzen kann, wie sich die Unternehmenssituation in den nächsten Jahren entwickeln wird, ob neue Mitarbeiter dazu kommen oder ob sie sogar Filialen in anderen Orten eröffnen möchten, es ist besser auf eine Internettelefonie umzusteigen. Diese bietet höchstmögliche Flexibilität und Ortsunabhängigkeit und lässt sich immer an die Unternehmenssituation anpassen. Auf der anderen Seite muss jedoch gesehen werden, dass VoIP auf eine stabile Internetverbindung mit ausreichend Bandbreite angewiesen ist, da sonst Abzüge in der Sprachqualität gemacht werden müssen.

Die Einführung eines solchen Systems ist in Abhängigkeit vom Aufbau der aktuellen IT-Infrastruktur mit hohen Investitionskosten und einem großen Schulungsaufwand verbunden. Demnach gilt es für ein Unternehmen zu prüfen, ob ausreichend Ressourcen im Hinblick auf Personal, Hard- und Software zur Verfügung stehen. Zudem muss die organisatorische Struktur eines Unternehmens die Einführung eines VoIP-Systems lohnenswert machen. So muss die Telefonie für ein Unternehmen eine zentrale Rolle spielen und ausreichend User vorhanden sein, damit die Investitionskosten durch Einsparungen in der Folgezeit amortisiert werden. Wenn es zu wenige Nutzer des Telefondienstes im Unternehmen gibt, so übersteigen die Investitionskosten wohlmöglich den Nutzen, den ein Unternehmen aus dem VoIP-Dienst ziehen kann. Wie die Analyse gezeigt hat, ist VoIP für kleine und mittelständische Unternehmen ungeeignet, weil die Anforderungen an Kosteneffizienz, Flexibilität und Skalierbarkeit hoch sind.

QUELLENVERZEICHNIS

I. Bücher

Badach, A.:   Voice Over IP-die Technik. Grundlagen und Protokolle für Multimedia-Kommunikation, Auflage 2 ,München 2005.

Lipp, M.:   VPN - Virtuelle Private Netzwerke.Aufbau und Sicherheit,Padeborn 2007.

Naisbitt, J.:   Mind Set!. Reset Your Thinking and See the Future, New York 2006.

Nölle,J.:   Voice Over IP. Grundlagen-Protokolle-Migration, Auflage 2 , Berlin 2005

Trick, U/Weber, F.:   SIP, TCP/IP und Telekommunikationsnetze.Next Generation Networks und VoIP-konkret,München Wien 2009.

II. PDF-Dokumente aus dem Internet

Koops, W/Stahringer, T/Thomsen, C.:   Voice over IP. Funktionalitäten-Voice Over IP-Lösungen und Wirtschaftlichkeitsanalyse, 2002, http://koops.staff.jade-hs.de/VoIP-site.pdf/ , Zugriff am 07.11.2017.

o.V.:   Bundesamtes für Sicherheit in der Informationstechnik: Studie zur Sicherheit von Voice Over IP, https://www.bsi.bund.de/SharedDocs/Downloads/DE/BSI/ Publikationen/Studien/VoIP/voipsec_pdf.pdf?_blob=publi cationFile&v=2, Zugriff am 07.11.2017.

III. Internetquellen

Amonn,G.:   VoIP bei der Telekom: Vorteile und Nachteile im Vergleich – UPDATE , https://www.winboard.org/artikel-ratgeber/4526-voip-bei-der-telekom-vorteile-und-nachteile-im-vergleich.html/ , Zugriff am 20.11.2017.

o.V.:   Die 7 wichtigsten Vorteile von VoIP ,
          https://www.toplink.de/die-7-wichtigsten-vorteile-
          von-voip/ , Zugriff am 20.11.2017.

o.V.:   Vorteile Nachteile von VoIP - Pro und Contra Voice
          over IP , http://www.voip-sip.de/faq/voip-faq-
          artikel-36-rubrik-2.htm , Zugriff am 20.11.2017.

o.V.:   IP-Telefonanschluss-Das sind die Vor-und
          Nachteile, https://www.pcwelt.de/a/ip-
          telefonanschluss - das sind die vor-
           und nachteile-voipngn,3074855, Zugriff am
          07.11.2017

o.V.:   Vorteile Nachteile von VoIP - Pro und Contra Voice
          over IP , http://www.voip-sip.de/faq/voip-faq-
          artikel-36-rubrik-2.htm , Zugriff am 20.11.2017.